Seelenbuch Verlag

Danksagung

Mein Dank gehört DIR, denn du begibst dich auf diese wunderbare Reise! Ich danke ebenso allen Menschen, die mich dabei unterstützt haben, dass ich diese Reise antreten konnte und fortsetzen kann.

Bettina Gronow

Seelenfrequenz Verbindung

Dein Leben verbunden mit
deiner eigenen Frequenz

Seelenbuch Verlag

Herausgeberin	Bettina Gronow
Autorin	Bettina Gronow
Covergestaltung	Nathalie Geiger
Layout & Satz	Nathalie Geiger
Autorenfoto	Detlef Postler
Korrektorat	KorrA – Kerstin Thieme
Druck	Libri Plureos GmbH

2. Auflage

ISBN: 978-3-910337-43-5

All meinem Wirken und Sein gebe ich die Zutaten
der Liebe,
der Schönheit,
der Vollkommenheit und
der Vollendung hinzu.

BoD kümmert sich nach bestem Wissen und Gewissen darum,
dass dieses Buch zu dir gelangt. Viele pflichtbewusste Aufgaben
liegen in den Händen von BoD. Besten Dank dafür!

Natürlich befindet sich dieses Buch auch in der
Deutschen Bibliothek und wird dort für die Nachwelt aufbewahrt.
Hier wirst du fündig: https://www.dnb.de

Inhaltsverzeichnis

Eintauchen

Tauche ein in dieses Buch, tauche tief ein. Tauche ein in dein Herz, in deine Seele und empfange so immer mehr dein eigenes Seelenleben. Ich werde dich Tag für Tag inspirieren und dir den Raum geben, alles aus dir herausfließen zu lassen, was endlich heraus möchte. Natürlich kannst du die Zeilen auch einfach nur lesen und sie so wirken lassen. Entscheide selbst, was gerade in dein Leben passt und was dir guttut. Wann immer du möchtest, notiere dir deine Gedanken, ob hier direkt im Buch oder in deinem Seelentagebuch. Wann immer es geht, fühle die Worte. Fühle, was sie dir mitteilen möchten, weit über die Zeilen und Buchstaben hinaus. Du weißt, wir alle sind miteinander verbunden und die Kreise schließen sich hier oder an einer anderen Stelle. Daher ist es natürlich kein Zufall, dass du dieses Buch in den Händen hältst. An dieser Stelle sei erwähnt, ich freue mich für dich, weil nun eine besondere Reise vor dir liegt.

Genieße diese Reise und erlaube dir, Freude und Liebe zu empfangen.

Ich wünsche dir eine wunderbare Ankunft in deiner ureigenen Frequenz, in deinem Seelenleben und viel Freude beim Lesen.

Mein Weg zur Frequenz

Im Herbst 2018 habe ich mir aus tiefstem Herzen gewünscht, dass ich die andere Seite kennenlerne. Ich hatte viel gesehen, viel erlebt und nun wollte ich das komplette Gegenteil davon erfahren. Was es genau war und wie es aussah, das konnte ich damals noch nicht sagen, doch ich wusste, es gibt da etwas und dort möchte ich hin. Vielleicht kennst du das aus deinem Leben, du weißt, da ist etwas und es zieht dich einfach so lange dorthin, bis du angekommen bist. So war es auch bei mir. 2019 war sehr turbulent und da ich nicht wusste, wo ich suchen oder was ich machen sollte, damit ich dort ankomme, wo ich hinwollte, machte ich alles Mögliche. Mein Motto war, ich probiere so lange herum, bis ich es finde. Natürlich war das nicht der beste Weg, das wusste ich, denn ich kam nicht wirklich zur Ruhe, doch nur der Weg zeigte sich mir. Heute weiß ich, dass ich all das, was ich noch schnell erledigt hatte auf diesem Weg, später brauchen würde. Somit war alles gut. Im Herbst 2019 war ich dann fertig mit meiner Welt, nichts wollte funktionieren, ich war sehr unruhig und nervös und wusste nicht mehr weiter. Zu dieser Zeit erzählte mir ein Coach in einem Interview von der „Seelenfrequenz". Heute weiß ich, dass dieser Begriff für verschiedene „Bezeichnungen" genommen wird und dass manchmal Verwirrungen auftreten können. „Seelenfrequenz" – Ich hatte damals nicht wirklich verstanden, was das ist, doch ich wusste, das ist es! Das musste ich erleben, das musste ich haben, diese Seelenfrequenz. Nun ist es ja nicht so, dass man sie sich mal eben schnell im Internet bestellen kann, nein, leider, aber es gab ein Buch darüber von Penny Peirce und das verschlang ich. Wie man sich mit seiner Frequenz verbindet, stand nicht darin, doch ich war mir sicher, dass ich dieses Rätsel lösen würde.

Mein Sohn war damals 10 Monate alt und ließ mich kaum schlafen. In einer Nacht, als ich eh schon voll übermüdet war, schrie und schrie er. Meine Nerven lagen blank und als ich kurz davor war, mich völlig aufzugeben, sagte ich mir, okay, ich lasse los! Ich lasse jetzt einfach alles los. Ich lasse mein ganzes Wissen los, ich lasse meine Bücher los, ich lasse all das los, was ich über das Thema Business erfahren hatte. Ich ließ mich einfach fallen. Ich hatte das Gefühl, dass ich zurückging bis zur Null. Es fühlte sich an, als wenn ich mich komplett leerte und einfach von allem befreite. Von allem, was ich tun sollte, wie ich sein sollte, was richtig ist und was falsch. Als ich dann so dalag auf dem Sofa, im völligen Nichts, fing mein Sohn an ruhiger zu werden und ich begriff auf einmal, wie ich meine Frequenz zu mir, direkt in meinen Körper holen konnte. Es war ganz einfach. Es war Ironie pur, denn man muss die Frequenz nur bitten, dass sie zu einem kommt. Man muss sich nur vorstellen, dass man sie einlädt, dass sie in einem wohnt, genau genommen im Herzen, dort wo ja auch die Seele zu Hause ist. Was für ein Moment. Das was ich schon immer wollte, das was ich so lange gesucht hatte, war da. Mein vollkommenes Sein, mein ganzes Wesen würde komplett werden. Ich war fertig, fix und fertig. So einfach, so genial. Die folgenden Tage war ich damit beschäftigt, mich immer wieder mit meiner Frequenz zu verbinden. Ich tat dies so lange, bis sie dauerhaft bei mir blieb. In den Momenten, wo meine Energie nach unten ging, zog die Frequenz wieder aus, doch das war halb so wild, denn nun wusste ich ja, ich muss mich nur wieder mit ihr verbinden und gut ist. Es dauerte nicht lange und die Frequenz blieb dauerhaft, in mir, bei mir. Wow! Von Tag zu Tag wurde ich ruhiger, mein Urvertrauen kam zurück. Ich begann, die Dinge anders zu sehen, die Wahrheit zu erkennen und immer mehr für mich einzustehen.

Es war das bis jetzt größte Geschenk, welches ich erhalten hatte. Zugleich sage ich heute, es gab ein Leben davor und es gab ein Leben danach. Ohne Frequenz und mit Frequenz.

Es sind nun 8 Monate vergangen und meine Frequenz ist zu einem sehr wichtigen Teil meines Lebens geworden. Sie hat mich wieder auf meinen wahren Weg gebracht und sie hat mich auch schon einmal zurückgeholt, als ich nochmals falsch abgebogen war. Meine Frequenz sendet mir Impulse zu, große Impulse, die frei von meinem Ego sind. Nicht immer habe ich gleich Lust, die Impulse umzusetzen, doch da sie auf meinem Seelenweg liegen und ich sie umsetzen darf, kümmere ich mich um sie und bringe sie in die Welt. Es sind schon große und spannende Projekte entstanden und vor allem, meine Impulse spiegeln mich und meine Seele eins zu eins wider. Ich bin gespannt, was noch alles folgen mag.

Energie, Schwingung und Frequenz

Lass uns an dieser Stelle einmal die Begriffe klären und uns anschauen, wie sie zusammenhängen. Alles ist Energie und somit bist du auch zu jeder Zeit Energie. Nun kann es sein, dass du gut gelaunt bist und deine Energie hoch ist oder du bist schlecht gelaunt und deine Energie ist im Keller. Parallel zu deiner Energie verhält sich auch deine Schwingung, alles was du ausstrahlst. Wenn deine Energie oben ist, ist auch deine Schwingung oben und meist läuft dann alles rund, du bist im Fluss und das Leben ist schön.

Ist anders herum deine Energie unten, ist es auch deine Schwingung. Dein Umfeld merkt dies und spiegelt es dir zurück. Daher ist es wichtig, zu schauen, dass es dir gut geht und deine Energie oben ist. Weil dann geht es auch deinem Umfeld gut. Deine Energie und deine Schwingung kannst du somit steuern bzw. verändern. Mach einfach etwas, was dir Freude bereitet, tanze, singe und hab Spaß und deine Energie wird ansteigen. Deine Frequenz dagegen kannst du dir wie die Frequenz eines Radiosenders vorstellen. Die Frequenz ist etwas, was einer Punktlandung oder einem Fingerabdruck gleichkommt. Jeder hat eine eigene Frequenz, sie ist einmalig und wir können sie nicht höher oder tiefer stellen. Du kannst nur wie beim Radio regulieren, ob du sie lauter oder leiser hören möchtest. Dafür enthält deine Frequenz – vergleichbar mit einem Seelenkoffer – alles, was du für dein Leben brauchst. Sie enthält deinen Seelenplan, deine Aufgaben, alles was du lernen, machen und erleben sollst. Du entscheidest nur, ob du all diese Informationen laut hören möchtest oder nur ganz leise. Wenn du einmal mit deiner Frequenz verbunden bist, dann kannst du sie zwar auf stumm schalten, doch sie wird immer wieder einen Weg finden, damit du sie hören kannst, denn das ist ihre Aufgabe, dich bei deinem Weg zu unterstützen, wo immer du es zulässt. Wenn du dich mit deiner Frequenz verbindest, dann ist es für eine dauerhafte Verbindung besser, wenn du in einer schönen Energie bist. Das macht die ganze Sache einfacher. Also achte auf eine positive Energie.

Solltest du dauerhaft negativ durch die Gegend laufen, kann es sein, dass sich deine Frequenz wieder verabschiedet. Das passiert besonders am Anfang, wenn die Frequenz noch nicht komplett bei dir eingezogen ist. Solltest du also das Gefühl haben, die Frequenz ist wieder ausgezogen, verbinde dich einfach wieder neu mit ihr.

Ausrichtung

Als Unterstützung kannst du eine Ausrichtung mit dazu-
nehmen. Eine Ausrichtung ist ein Text, der auf dich durch
die Wörter wirkt. Die einzelnen Wörter haben ebenso ihre
eigene Frequenz und diese richten dich auf dein neues
Leben aus. Sie wirken auf dein Unterbewusstsein und auf
dein Herz gleichermaßen. Entscheide selbst, ob du dieses
Tool verwenden möchtest, ich habe Teilnehmer mit und
ohne Ausrichtung mit ihrer Frequenz verbunden.
Den Text „Rise" habe ich für eine bestimmte Frauengruppe
empfangen. Die Ausrichtung ist sanft und somit ein perfek-
ter Einstieg in dieses Thema. Du kannst dir diese Ausrichtung in der Früh und am Abend aufsagen, sie dir vorlesen
oder auswendig lernen, damit du sie immer bei dir trägst.
Du wirst merken, wie die Wörter immer tiefer in dir ankommen und du dich Tag für Tag ganz wie von selbst verän-
derst. Die Wörter beginnen wahr zu werden. Sie wirken in
dir. Sie wirken durch dich hindurch.
Ich selbst komme mit dieser Ausrichtung immer wieder ganz schnell bei mir selbst an, ich kann mich mit ihr
wunderbar fokussieren, den Tag willkommen heißen und
zugleich den Tag abschließen. Ich finde alles in diesem
Text, was mir und meiner Seele gerade wichtig ist und was
wir beide in diesem Moment brauchen. Im Außen zeigen
sich dann Bilder, diese nehme ich unterstützend in mir auf
und lasse auch die Bilder wirken. Zugleich weitet sich mein
Herz, meine Gefühle werden sanfter und ich werde wieder
mehr ich. Probiere es aus, es ist gut möglich, dass Wunder
geschehen.

Rise

Ich bin auf einer Reise,
auf einer Reise zu mir selbst,
zu meinen tiefsten Wünschen und Träumen.

Ich bin diese Reise.
Ich bin die Liebe.
Ich bin die Dankbarkeit.
Ich bin die Sanftmut.
Ich bin alles, was ich bin.

Bilder tauchen auf, Impulse zeigen sich,
Gefühle werden erlebt.
Meine Seelenkraft entfaltet sich.

Meine Wahrheit kommt ans Licht.
Ich strahle. Ich erblühe.
Ich bin ich in meiner vollen Schönheit.
Ich zeige mich.
Ich spreche aus meinem Herzen.

Ich verändere mein Leben.
Ich erschaffe mir mein Paradies auf Erden.

Impulse

Je nach Lage, Tag und Verfassung wirst du Impulse empfangen. Impulse sind Ideen oder eine Information, die dir sagt, was du tun sollst. Es gibt ein paar „Regeln", wie du mit diesen Impulsen umgehen kannst und was du beachten solltest.

1) Impulse kann dir dein Verstand, dein Ego senden oder deine Seele. Am Anfang fühlt sich das eher gleich an. Hier kannst du Folgendes machen: Prüfe einfach, ob es sich nach deinem Verstand oder nach deiner Seele anfühlt. Nach und nach und natürlich, wenn du deiner Frequenz immer mehr vertraust und ihr mehr Raum gibst, kommen nur noch Seelenimpulse. Dazu kommt, dass sich auf dem Weg dein Ego und dein Verstand beruhigen und dann senden sie keine Egoimpulse mehr. An dieser Stelle sei noch erwähnt, Egoimpulse sind nicht schlecht, nur sie orientieren sich doch eher am Außen, so wie es sein sollte, und nicht so, wie es unsere Seele für uns geplant hat.

2) Deinen Impulsen solltest du folgen. Warum? Wenn nicht, dann kann ein Impulsstau entstehen und der erzeugt oft etwas, was wir als nicht so angenehm empfinden. Warum stauen sich die Impulse? Wenn du dich auf deinen Seelenweg begibst, dann darfst du hier auch entlanggehen und wenn du nur abwartest und nicht handelst, dann wirst du leicht geschoben und daran erinnert.

3) Seelenimpulse kommen wieder! Das heißt, solltest du sie nicht gleich umsetzen, dann melden sie sich erneut.

4) Oft bekommst du erst einen kleinen Impuls und dann kann es durchaus sein, dass weitere Impulse zum gleichen Thema kommen. Also einfach dranbleiben und schauen, was sich da gerade in deinem Leben zusammensetzt.

5) Natürlich können auch große Impulse kommen oder solche, die dich ins Schwitzen bringen können, weil sie einiges von dir abverlangen. Hier kannst du beruhigt bleiben, denn auf dem Weg stärkt dich deine Frequenz immer mehr und sie gibt dir die Kraft und das Vertrauen, das du für deinen Seelenweg brauchst. Es kann auch durchaus sein, dass dir die Umsetzung der Impulse sehr leicht vorkommt, viel leichter als sonst. „Willkommen auf deinem Seelenweg", sag ich dazu nur.

Deine Seelenreise beginnt

Ich nehme dich nun 33 Tage mit auf eine besondere Reise. Diese 33 Tage spiegeln wider, was ich in den ersten Tagen mit meiner Frequenz erleben durfte. Ich berichte dir zuerst immer etwas aus meinem Leben und stelle dir dann anschließend Fragen oder gebe dir den Raum, in dich hineinzufühlen, damit du ergründen kannst, was bei dir gerade los ist oder wo du gerade stehst.

Du erfährst außerdem weitere Details, die dir auf deinem jetzigen Weg begegnen können. Daher freu dich auf alles, was kommt und lass es einfach geschehen. Alles dient einem guten Zweck und unser Leben will immer, dass wir auf unserem Weg verweilen und unser Leben leben. Denn wir sind keine Kopien, sondern alle Originale.

SeelenTag 1 –
Hallo wunderbare Welt

Wir schreiben 2019 und dieses Jahr ist für mich sehr verrückt gewesen. Ich habe es daher im Sommer „mein Seelenjahr" getauft, da mein Leben mich von einer Ecke in die nächste zog, ich alles ausprobieren „musste" und ich immer meiner Energie folgen sollte. Da ich nicht wusste, was all das bedeuten sollte, kam mir die Idee, ich sage einfach, es ist mein Seelenjahr und somit hatte ich für alles eine Erklärung. Nach meiner Vorstellung ist ein Seelenjahr genau das. Ein Jahr, in dem alles verrückt ist und sich zugleich neu zusammensetzt. Heute weiß ich, es ist noch verrückter, als ich es mir vorstellen konnte.

Ja, 2019 hat mich sehr viel Energie gekostet und doch ist auf wundersame Weise auch vieles entstanden. Ich hatte zwischendurch das Gefühl, meine Kontinentalplatten verschieben sich komplett und setzen sich neu zusammen. Ein Wunder der Natur?! Ich weiß es nicht, es fühlte sich nur oft anstrengend an, wie als wenn wirklich Kontinente in mir verschoben werden.

Doch so langsam schließt sich der Kreis und ich erkenne klarer, wo es hingehen darf. Es darf etwas Neues entstehen. Es ist schon im Entstehen und als ich das Thema „Seelenfrequenz" vor Kurzem in einem Gespräch vorstellen durfte, habe ich gemerkt, was für eine Energie und was für ein Raum sich da öffnet. Ich fühle, dass allein durch das SEIN, durch unser SEIN und dadurch, dass wir gemeinsam einen energetischen Raum öffnen, etwas Neues entsteht. Ich weiß, es wird Ruhe einkehren, es wird leiser und es wird zugleich um so viel kraftvoller werden. Diese Reise hier wird dich verändern, mehr als du dir heute vorstellen kannst.

Dein 1. SeelenTag

Wo stehst du gerade, was fühlst du, was zeigt sich in dir und im Außen?

SeelenTag 2 –
Ein Hauch von Wolke 7!

Ich habe viel gekämpft in den letzten Monaten und Wochen. Mit mir, mit der Welt und mit meinen Mitmenschen. Alles fühlte sich komisch an, meine Gedanken wollten nicht mehr zu mir passen und alles in mir rief nach einem neuen Weg.

Was hat es mir gebracht? Es tat gut, weil ich noch einmal tief in mich und in alle Lebensbereiche hineinschauen konnte, vieles gesehen und vor allem auch gefühlt habe, dieser Weg ist hier zu Ende. Jedes Hindernis in mir hatte seine Berechtigung und ohne diese Hindernisse kann ich schwer erkennen, was aus mir noch alles werden darf. Ich habe in den letzten Tagen immer mehr meinen Modus geändert von: will haben/brauche ich unbedingt zu: es kommt so, wie es kommen soll und ich empfange einfach nur noch. Es bleibt spannend, für mich, für dich, für uns alle.

Dein 2. SeelenTag

Wie schaut dein aktueller Modus aus bzw. wie lautet dein aktuelles Motto?

_____

_____

_____

_____

_____

_____

_____

_____

_____

SeelenTag 3 –
Das Wunder der Nacht

Wenn du das Glück hast, dass du in der Nacht immer wieder „sanft" geweckt wirst von einem kleinen Wesen, dann kommen sie, diese kraftvollen Stimmen, die dir ins Ohr flüstern und dich dein Puzzle zusammensetzen lassen. Ich bin am Morgen dann oft ganz benommen von dem Gefühl, was sich nun alles „verändert". Wobei es keine richtige Veränderung ist, eher ein „Erkennen" und „Erinnern". Ich erkenne immer mehr, wer ich in Wahrheit bin. Welches Wesen in mir steckt und welche Gaben sich noch zeigen wollen. Ich habe auch erfahren, dass wir auf wundersame natürliche Weise in der Nacht geweckt werden, um dann genau das zu empfangen, was wir im Trubel des Alltags noch nicht hören können.

Dein 3. SeelenTag

An welche nächtlichen Puzzleteile erinnerst du dich?

SeelenTag 4 –
Zuhause

Ein paar Wochen zuvor nahm ich in einem Seminar an einer Meditation teil. Während sich die anderen Teilnehmer mit Themen zu ihrem Business beschäftigten, bin ich sehr weit weggeflogen, mitten hinein ins Universum. Ich hatte das Gefühl, das ist mein wahres Zuhause, hier komme ich her. Das Wort „Home", ich bin zu Hause, ging durch mein Herz. Es fühlte sich wunderbar an, dort zu sein. Leider wurde mir aber auch gleich gesagt: „Nein Bettina, es ist noch nicht so weit. Du darfst noch nicht dauerhaft nach Hause kommen". Schade, dachte ich mir, denn irgendwie wusste ich, da komme ich her, da will ich wieder hin.

Dein 4. SeelenTag

Wo fühlst du dich zu Hause?
Wie fühlt es sich in deinem Herzen an?

_____

_____

_____

_____

_____

_____

_____

_____

_____

SeelenTag 5 –
Ruhe und Kraft

Die vielen irdischen Sorgen machen mir zwar immer weniger zu „schaffen" und doch fühle ich sie überall, in so vielen Menschen. Zu wissen, dass wir alle diese Energie, diese Ruhe, diese Kraft in uns tragen könnten und einfach nur ausleben müssten, das gibt mir zum einen Mut, Mut für uns Menschen und es erschöpft mich andererseits zu sehen, dass der Weg für einige wohl noch lang sein wird. Zugleich geht es um jeden Einzelnen und hier und jetzt geht es nur um dich! Daher bin ich dir von Herzen dankbar, dass du diese Zeilen liest und sie auf dich wirken lässt. Wohl wissend, dass wir miteinander verbunden sind, auf die ein oder andere Art und Weise. Wohl wissend, dass du durch meine Wegveränderung nun die Möglichkeit hast, diese Worte zu lesen. Wohl wissend, dass auch deine Gedanken, Worte und Taten andere begleiten und bewegen werden.

Dein 5. SeelenTag

Wo bewegst du dich hin? Wo bewegst du schon bewusst oder unbewusst andere Menschen?

SeelenTag 6 – Herzchen-Fund im Einkaufswagen

Überall sieht man sie, diese Herzen, sie fliegen uns zu oder liegen einfach vor unserer Nase herum. Es gab Zeiten, da haben mich diese Herzen so was von genervt, ich kann dir sagen. Überall waren sie zu sehen, jeder war „in love" mit allem und jedem und oft dachte ich mir, ob das alles wirklich von Herzen kommt? Ob da nicht doch eigentlich das eigene Ego dahintersteht, welches denkt, sich Vorteile verschaffen zu müssen ... wer weiß? Heute bin ich hingegen entspannter, denn so ein Herz ist so gesehen neutral, ich kann mich von ihm nerven oder mich beschenken lassen. Zugleich empfange ich es neutral und bin frei davon, welche Absichten dieses gesendete Herz auch immer hat. Zugleich zeigt sich eine Zeit, in der alles eine gewisse Neutralität bekommt, in der ich frei bzw. noch freier bin. Ich mag diese Neutralität sehr, weil ich in ihr mein Herz noch mehr öffnen kann, denn ich „muss" es nicht mehr schützen vor den Absichten anderer.

Dein 6. SeelenTag

Vor was schützt du dich noch?
Wo möchtest du noch freier werden?

_____

_____

_____

_____

_____

_____

_____

_____

_____

SeelenTag 7 –
Immer diese Wege

Noch vor ein paar Monaten ging ich sehr ungern einen Weg doppelt. Ich fuhr auf der einen Strecke hin und auf einer anderen Strecke zurück. Alles andere war mir zu langweilig, auch musste mein Leben immer voller Action und Abenteuer sein. Hauptsache anders, verrückt und bloß nicht normal. Das hat mich sehr weit gebracht, bis ans andere Ende der Welt. Doch schon vor Jahren merkte ich, ich renne und fliege zwar durch mein Leben, doch angekommen bin ich nicht. Auch als ich nun dieses Jahr, Tag für Tag, meinen immer gleichen Spaziergang, samt Kinderwagen, absolvierte, kam ich nicht bei mir an. Die Routine half mir nicht weiter. Das Ankommen stellte sich erst ein, als ich mich mit meiner Seele beschäftigte, also nicht mal eben so, oberflächlich, sondern schön tief im Inneren. Ich habe mich gefragt, wer bin ich? Wer bin ich wirklich? Bin ich die durch die Welt rennende „Braut" oder wer bin ich eigentlich? Was macht mich aus?

Ich meine nicht meine Qualitäten und Fähigkeiten, sondern das, was mich tief in meinem Herzen bewegt. Was ist mein Motor, meine eigene Energie? Fragen über Fragen, doch Antworten hatte ich kaum welche. Ein paar Wochen später kam dann die „Rettung". In einem Interview fiel das Wort „Seelenfrequenz" auf mein Herz. Seelenfrequenz, was für ein wunderbares Wort. Ein paar Tage später hatte ich das immense Glück, dass ich mich mit meiner Seelenfrequenz verbinden konnte. Ich bin eingetaucht in meine Seelenfrequenz, ich habe sie um mich herum und ich bin sie zugleich. Es ist ein wunderbares und sehr beruhigendes Gefühl. Es ist irgendwie alles, was ich bin und schon immer war.

Nur weil ich nun in meine Seelenfrequenz, auch Eigenfrequenz genannt, eingetaucht bin, haben sich nicht all meine Probleme in Luft aufgelöst, doch ich gehe nun ganz anders mit ihnen um. Sie sind ein Teil von mir. Ich habe eine andere Dimension betreten. Die Ruhe und ein absolut tiefes Vertrauen haben sich zu mir gesellt.

Dein 7. SeelenTag

Welche Fragen stellst du dir? Welche Antworten empfängst du? Verbinde dich mit deiner Frequenz und empfange alles.

SeelenTag 8 –
Baustellen des Lebens

Gestern fuhr ich auf der Autobahn und da waren sie wieder zahlreich vorhanden, Baustellen so weit das Auge reichte. Ich dachte mir, Mensch, das ist ja wie im wahren Leben. Wie in meinem Leben. Doch heute kann ich ihnen vertraut begegnen, ich muss sie nicht mit irgendeiner Geschichte oder einem Tun überdecken. Ich bin für meine Probleme da und wir gehen unseren Weg gemeinsam. Ich erkenne mich in ihnen wieder und ich kann es ihnen leichter machen, mir das zu zeigen, was ich lernen und erkennen darf. Ich liebe diese für mich neue Art zu sein und zu leben. Die Zeit wandelt sich und ich darf mich mitverwandeln.

Dein 8. SeelenTag

Welche Baustellen durchfährst du gerade? Und vor allem, was entsteht, wenn die Baustelle fertig ist?

_____

_____

_____

_____

_____

_____

_____

_____

_____

SeelenTag 9 –
Wenn der Tag beginnt

Es ist Montagmorgen und gerade an diesem Wochentag wissen wir sehr schnell, ob wir gut gelaunt sind oder genervt, weil es eben wieder Montag ist und alles von vorne zu beginnen scheint. Ich stelle mir dabei die Frage, ist es nicht vielleicht egal, was wir tun? Ist es nicht viel wichtiger, mit welchen Menschen wir zu tun haben und wie wir uns untereinander verstehen?

Oft hört man entweder meine Kollegen sind toll, nur die Arbeit nicht, oder die Arbeit ist toll, nur meine Kollegen/ Chef-in nicht. Wie wäre es, wenn einfach beides wunderbar wäre. Warum soll beides toll sein? Weil beides großartig sein kann, es kann beides Spaß machen.

Wie soll das gehen? So gesehen ist es einfach. Wir dürfen uns alle wieder daran erinnern, wer wir wirklich sind!

Wir dürfen uns daran erinnern, was unsere Seele möchte. Ich glaube, ich habe noch in keinem Buch, in keiner Story oder dergleichen gelesen oder gehört, dass unsere Seele schlecht ist, nur dass sie eine Aufgabe hat, etwas lernen darf. Komischerweise haben wir Menschen dann das daraus gemacht, was wir heute überall haben: Stress, Druck, Gewalt, Macht, Kampf etc. Somit können wir doch komischerweise das ändern, indem wir uns erinnern, WER WIR SIND! Wir sind! Wir sind so viel mehr, nicht weil wir noch was erreichen müssen, nein einfach nur, weil wir es sind! Jeder in seinem Leben, so wie er ist. WIR SIND.

Und das dürfen wir herausfinden. Umso eher, desto besser für uns alle.

Dein 9. SeelenTag

Wer bist du wirklich? Was ist deine Wahrheit?

SeelenTag 10 –
Was für eine magische Zeit

Ich habe das Gefühl, eine Person macht sich auf den Weg und dann folgen wir, folgen die Menschen, jeder auf seine Weise.

Heute z.B. kam eine Nachricht ins Haus geflattert und es ist schon lustig, wenn sich die Wege von Freunden und Bekannten mit meinem erlebten Jahr sehr ähneln. Vielen erging es ähnlich wie mir.

Meine Seele hat mich immer wieder an die verschiedensten Orte geführt. Ich hatte dabei oft das Gefühl, ich sitze in einem Zug und brauche einfach nur mitzufahren und bei den Haltestellen auszusteigen und zu fragen: „Um was geht es hier?" Okay, hätte ich gefragt, wären die Aufenthalte bestimmt um einiges leichter geworden, doch ich dachte mir wohl unbewusst, bloß nichts auslassen im Leben.

Daher habe ich oft nicht gefragt und „vergessen", um was es gerade wirklich geht.

Dein 10. SeelenTag

Um was geht es dir wirklich?
An was sollst du dich erinnern?

_____

_____

_____

_____

_____

_____

_____

_____

_____

_____

SeelenTag 11 –
Wenn deine Seele dich ruft

... dann helfen auch keine Kopfhörer.

Wie schön wäre es, wenn wir – egal, was wir tun – es aus unserer ureigensten Frequenz heraus machen – wenn in allem, was wir tun, unsere Seele zu 100 % mitschwingt. Ich stehe erst am Anfang dieser Reise. Mein Übertritt in dieses Sein ist ca. 2 Wochen her. Doch für mich ist es unser Weg. Der neue Weg. Es ist es wert, weil wir aus diesem SEIN heraus alle unsere Probleme neu betrachten und verändern können – auch wenn wir bisher dachten, wir können nichts verändern. Vielleicht ist es dir auch schon aufgefallen, deine Seele hat dich gerufen und keine Kopfhörer haben geholfen. So wird es noch vielen Seelen ergehen, denn wir dürfen diese Reise beginnen und vollenden. Unsere ureigene Seelenreise.

Dein 11. SeelenTag

Was würde sich ändern, wenn du komplett, zu 100% aus deinem SEIN heraus leben würdest?

_____

_____

_____

_____

_____

_____

_____

_____

_____

SeelenTag 12 – Seelenpause

Seelenpause. Als wenn unsere Seele jemals eine Pause macht, als wenn sie jemals nicht bei uns ist, als wenn wir sie in eine Pause schicken könnten. Natürlich gibt es keine Seelenpause, dann würde es zugleich heißen, dass wir aufhören zu sein.

Ich für meinen Teil werde heute von der liegenden Acht begleitet, das Zeichen der Unendlichkeit. Mir wird gerade gezeigt, wie unendlich unsere Seele ist. Wie unendlich wir sind und wie noch unendlicher wir sein dürfen. Wie frei wir leben können, wie sehr wir uns verwirklichen dürfen auf dieser Welt, und zwar im Einklang mit allen Dingen, mit der Natur, mit den Menschen und den Tieren. Wenn wir uns verwirklichen, wenn wir absolut wir selbst sind, dann heißt das keine Sekunde lang, dass dies zu Ungunsten von etwas oder jemand anderem passieren muss. Ganz im Gegenteil. Wenn wir uns verwirklichen, dann ist es zugleich auch an uns, darauf zu achten, was um uns herum ist, existiert. Wir dürfen alles zugleich hegen und pflegen, mit einbeziehen, sodass wir nicht mehr getrennt von etwas oder jemandem leben. Nur so können wir unsere Selbstverwirklichung wirklich frei und glücklich erleben. Nur so können wir Frieden erlangen, Seelenfrieden.

Dein 12. SeelenTag

Was bedeutet Seelenfrieden für dich?

SeelenTag 13 –
Tage der Erdung

Ich bin für ein paar Tage in meine alte Heimat gefahren und was soll ich sagen, es tat mir und meiner Seele sehr gut. Ich arbeite ja viel online, digital und am Handy oder PC. Die Online-Welt ist luftig, unendlich weit und groß. Schnell sind Wörter geschrieben, Dinge erledigt, umgesetzt, wofür man offline, also dort, wo man sich gegenseitig real anfassen kann, viel länger braucht. Der Kontakt zu alten Freunden und meiner Familie hat mich wieder näher an das noch existierende Offline-Leben und näher an die Menschen und ihr Leben gebracht. Genährter, auch weil es überall reichlich zu essen gab, geht es morgen wieder zurück und ich freue mich, meinen Seelenweg weiterzugehen. Zugleich finde ich es wunderbar, dass mich meine Umgebung bei diesem Weg begleiten kann, auf die ein oder andere Art und Weise, so wie es für jeden passt.

All das, was ich gerade erlebe, ist ein sehr spannender Part, denn nicht mehr ich führe mein Leben. Mein Leben, das hat meine Seele übernommen. Hätte mir das jemand vor nur 4 Wochen gesagt, hätte ich es nicht geglaubt. Auch weil ich so weit weg war von meinem Weg, meiner Seele und meinem wahren Leben. Ich spürte zwar immer noch ganz tief in mir, alles wird gut, doch zugleich war ich so weit entfernt von mir. Es ist einfach wunderbar. Mut, Kraft, Vertrauen sind wieder da und sie vereinen sich.

Dein 13. SeelenTag

Wie sah dein SeelenTag aus? Was hat sich gezeigt?

SeelenTag 14 – Gesprächsimpulse

In den letzten zwei Jahren habe ich mit sehr vielen Menschen gesprochen. Einige davon wussten schon sehr genau, dass sie hier auf der Erde noch etwas Wunderbares erschaffen dürfen. Sie haben gefühlt, dass da noch mehr ist, doch dann kamen die Zweifel, kamen die Glaubenssätze, kamen die Blockaden und sie blieben „stehen". In einem gestrigen Gespräch ging es genau darum. Es ging darum, woher den Mut, woher das Vertrauen nehmen, dass es jetzt an der Zeit ist, sich zu erinnern, wer man eigentlich ist. Ich habe mir darüber viele Gedanken gemacht, auch weil mich die Lebenswege der vielen Menschen bewegt haben. Meine Erkenntnis: „Wir sind oft schon auf dem richtigen Weg, doch haben wir unsere Seele nicht dabei". Sie tobt sich noch nicht komplett aus in unserem Leben, in unserem Körper. Als ich mich vor ein paar Wochen auf meinen Seelenweg begeben habe, habe ich selbst gesehen und gefühlt, wie meine Seele zwar da ist, aber wir waren nicht komplett verbunden. Wir waren getrennt. Erst als ich sie dann eingeladen habe, den Weg mit mir gemeinsam zu gehen, und zwar tief aus meinem Herzen heraus, erst als ich ihr ihr Zuhause wieder zurückgab, wurde es leichter, wärmer, vertrauter, ruhiger und sanfter in mir. Diese Verbundenheit kann mir nun keiner mehr nehmen und das ist das Wunderschöne daran, ich weiß für die nächsten 40+ Jahre gehen wir gemeinsam und wir erschaffen das, was ich auf die Welt bringen darf.

Dein 14. SeelenTag

Wenn du deine Seele fragst, wie schauen dann deine nächsten 3 Jahre aus?

_____

_____

_____

_____

_____

_____

_____

_____

_____

_____

SeelenTag 15 –
Besuch von der Angst

Kommt dich deine Angst noch besuchen? Wenn ja, deine Seele weiß, was zu tun ist! Ja, ich weiß, das hört sich vielleicht noch echt zu leicht an, doch es ist so leicht. Die Seele kennt keine Angst und somit kann sie uns ein wunderbarer Begleiter sein. Noch kurz bevor ich mich mit meiner Seelenfrequenz verbunden hatte, war ich voller Angst. Angst nicht zu wissen, wie es weitergeht, Angst nicht zu wissen, warum ich eigentlich hier bin, Angst nicht zu wissen, was aus meinem Leben wird, Angst vor morgen, Angst vor so vielen Dingen. Nach und nach, Tag für Tag, schaffte meine Seele Ordnung in meinem Herzen. Sie schaffte Ordnung in meinem Leben, Ordnung in meinen Gedanken und Ordnung in meinem Sein. Was ich jetzt empfinde sind Ruhe, Vertrauen, angebunden zu sein, nicht mehr getrennt zu leben von mir, nicht mehr neben mir zu leben.

Warum empfinden wir überhaupt Angst? Weil wir nicht in unserer Wahrheit leben. Wir sind nicht mit unserer Wahrheit verbunden. Wir leben das Leben für oder von anderen. Das erzeugt Angst, Angst vor einem selbst, denn du weißt nicht, wer du wirklich bist. Diese Angst gepaart mit noch ein paar banalen Ängsten, wie Existenzangst oder Verlustangst, zu verstärken, ist ein Leichtes und lässt unsere Angst schnell um einiges größer werden. Daher finde eine Wahrheit, lebe dein Sein.

Dein 15. SeelenTag

Welche Ängste begleiten dich aktuell noch? Was machte die Angst mit dir? Welche Gefühle werden in dir dadurch erzeugt und was sagt deine Seele dazu?

SeelenTag 16 –
Wir gehen neue Wege

Die Welt neu zu erleben.

Dir fehlt Mut, deine Seele ist deine Mutquelle.
Dir fehlt Kraft, deine Seele ist deine Kraftquelle.
Dir fehlt Geduld, deine Seele ist eine Quelle voller Geduld.

Dir fehlt der Fokus, deine Seele ist Fokus pur.
Dir fehlt Liebe, deine Seele hat mehr als genug davon.
Dir fehlt ein Plan, deine Seele kennt ihn genau.

Erlebe deine Seelenaufgabe.
Erlebe deinen Seelenweg.
Erlebe dein Seelenleben.
Erlebe die Welt neu, erlebe deine Welt neu.

Ich selbst bin schon sehr aufgeregt, weil ich spüre, was da jetzt kommt, was jetzt in meinem Leben erlebbar wird, ist neu, ist anders.

Dein 16. SeelenTag

Was inspiriert dich?

_____

_____

_____

_____

_____

_____

_____

_____

_____

_____

_____

SeelenTag 17 –
Dein 17. SeelenTag

Heute bist du dran. Wir haben schon einiges besprochen. Vieles hat sich in dir gezeigt. Du bist innerlich schon viel weiter als du es vielleicht denkst. Daher, schreib auf, was heute geschehen ist und bring deine Wunder auf Papier.

_____

_____

_____

_____

_____

_____

_____

_____

_____

SeelenTag 18 – Nur du kannst es

Nur du kannst dein Seelenleben leben, deinen Seelenweg gehen und deine Seelenreise lebendig werden lassen.

Da ist es nun, dein neues Leben, dein neues SEIN! Hast du es kommen sehen? Wahrscheinlich nicht. Hast du es ersehnt? Wahrscheinlich ja. Hat es auf dich gewartet? Na, so was von! Doch das Geniale ist, wenn du bereit bist, dann zählen all die Tage in der Vergangenheit nicht mehr.
Nein, was jetzt zählt, ist das „heute, hier und jetzt". Ich mochte diese 3 Wörter schon immer, doch noch nie standen sie mir so nahe wie „heute, hier und jetzt".
Einfach SEIN – Ich liebe es. Das Wunderbare daran ist, in diesem SEIN ist alles da. Ich vermisse nichts mehr, ich suche nach nichts mehr, es ist einfach da. Schon schön!
Der Morgen ist da und küsst mich wach. Ich liebe diesen Moment, wenn ich aufwache und merke, mein Mund lächelt und mein Herz strahlt. Zugleich ist es in mir ruhig, mein Urvertrauen lebt mitten in mir. Der Tag beginnt und ich weiß, es kommt alles genau so, wie es SEIN darf. Ich liebe mein SEIN und das Gefühl, dass sich gerade alles in meinem Leben zusammenfügt, wie Kontinentalplatten auf der Erde. Ich fühle, dass ich aus dieser Kraft die Dinge entstehen lassen kann, die wirklich zu mir gehören. Ich fühle, dass ich nun endlich ich bin. Es ist so, als würde ich in meinem Boot durch mein Leben segeln. Der Wind ist meine Seele, die mir die Richtung zeigt und das Wasser ist mein Weg, den ich gehen darf. Alles ist da und ich brauche „nur" zu SEIN. Mein Körper hüpft vor Freude, weil er den Druck, den ich mir selbst auferlegt habe, nun endlich ablegen kann.

Mein Herz strahlt, weil ich es nun endlich immer weiter öffne. Eine magische Zeit. Eine lebendige Zeit, die erst begonnen hat.

Dein 18. SeelenTag

Schließe deine Augen, empfange die Bilder, die dir deine Seele zusendet und dann finde hier die passenden Worte, die alles beschreiben. Oder druck die Bilder (das Bild) aus und klebe es hier hin bzw. füge es hier ein.

SeelenTag 19 –
Ein Plan

Mein Plan für heute: tiefer eintauchen in die Stadt, ins Leben und den Trubel. Wenn ich so durch die Straßen ziehe, dann ist das an manchen Tagen leicht anstrengend. Das Fühlen von anderen Energien ist zwar schön, doch wenn diese eher stressig und negativ orientiert sind, dann puuuhhh, dann ist es anstrengend für mich. Was mir dann hilft, ist wieder ganz tief in meine eigene Energiefrequenz einzutauchen. So kann ich wieder leichter atmen, bunter und lebendiger leben. Das Schöne ist, wann immer du Kraft brauchst, kannst du sie selbst bei dir auftanken gehen.

Dein 19. SeelenTag

Wo geht deine Kraft, deine Energie verloren?

SeelenTag 20 –
Viel erlebt?!

Alles ausprobiert, viel erlebt, viel gemacht, viel gesehen?
Dann bist du definitiv bereit für dein Seelenleben.

Nur weil wir viel machen, viel erleben heißt es nicht zwingend, dass wir auch unserer Seele folgen. Ich bin viel und lange unterwegs gewesen und sicherlich waren die Entscheidungen, die ich getroffen habe, auch immer ein Stück weit von meiner Seele aus gesteuert worden, doch mein ganzes Wesen war nicht eingeweiht in den Plan. So war ich hier und dort eher planlos unterwegs und habe einen Weg verfolgt, wo ich dachte, es wird schon meiner sein. Zum Glück fügt das Leben einiges und zum Glück ist das Leben auch flexibel, sodass es einiges wieder ausbügeln kann, doch die tiefen Erkenntnisse erschließen sich mir erst jetzt. Daher lass dich fallen in den Fluss, in dem deine Seele dich durch dein Leben begleitet.

Dein 20. SeelenTag

Wo möchte dich deine Seele gerne hinbringen?
Frag sie!

SeelenTag 21 –
Ein nächstes Experiment

Wenn ich in eine höhere Dimension eintauchen kann, also in meine Seelenfrequenz, dann müsste ich doch auch in eine andere Frequenz eintauchen können, z. B. in die Geldfrequenz, das muss ich unbedingt ausprobieren, das würde dann bedeuten, ich kann mir jede Frequenz direkt in mein Leben holen. Das wäre ja wunderbar, die Frequenz vom ätherischen Rosen-Öl mitten in mir, OMG.

Natürlich habe ich es ausprobiert und es funktioniert ganz wunderbar. Hol dir alles, was du möchtest, zu dir, direkt in dein Herz. So wie du deine eigene Frequenz zu dir geholt hast, so holst du dir nun auch z. B. die Liebe, den Spaß oder die Kraft zu dir. Vorsicht! Starte dieses Experiment und teste erst einmal aus, wie sich die anderen Frequenzen anfühlen, welche Bilder sie in dir auslösen und was sie mit dir machen, denn in jeder Frequenz steckt wiederum die ganze Welt dieses Worts etc. drinnen.

Dein 21. SeelenTag

In welche Frequenz möchtest du gerne einmal eintauchen? Zur Auswahl stehen Liebe, Dankbarkeit, Freude, Mut, Leichtigkeit und alles, was dir noch so einfällt. Verbinde dich einmal mit diesen Wörtern und lass sie tief in dir ankommen.

SeelenTag 22 –
Ich betrete Neuland

Schon vor ein paar Monaten merkte ich, vieles was ich ge-
lernt habe, was bei mir selbst eine Zeit lang funktioniert
hatte, wollte nicht mehr funktionieren. Ich wollte meine
Gedanken wieder auf Vordermann bringen, doch ich kam
nicht weiter. Alle Anstrengungen versickerten im Sand und
ich merkte, ich befinde mich in einer Einbahnstraße.
Heute fühle ich, wie sich alles um mich herum weitet, wie
es sanfter, besonnener, ruhiger und leiser wird. Vieles hat
eine neue Bedeutung bekommen und mit vielen Themen
gehe ich nun ganz anders um. Ich wirke aus mir heraus und
die Dinge entstehen im Außen. Es fügt sich alles zusammen
und vereint sich. Für mich ist es Neuland, in dem ich nun
lebe. Da ich um die Qualitäten und um die Unterschiede
weiß, ist es quasi wie eine Pflicht, dich hierher einzuladen,
ins neue Land. Ich reiche dir meine Hand, nimm sie an und
lass das Neue beginnen.

Dein 22. SeelenTag

Was hat sich bei dir alles verändert? Wie sieht dein neues Land aus?

SeelenTag 23 – Häppchen

Heute gibt es nur ein paar Häppchen, Wörter, Wortgruppen, die dich anregen dürfen.

Lass dich inspirieren, lass dich bewegen, lass alles zu, was deine Seele dir zeigt.

Zusammen ist die Zukunft.
Nichts mehr müssen, nur noch verbunden sein, nur noch geführt sein.

Der Puls deiner Seele ruft dich! Lausche und fühle die Vibrationen, das Pulsieren und übernimm den Takt.

Oben sind die Sterne und hier unten sind wir. Dazwischen strahlt unser Licht, unsere Frequenz.

Grüß deine Frequenz von mir!

Alles ist endlos, alles ist möglich. Alles wird so klein, denn alles ist schon vollkommen in dir, in deiner Frequenz.

Dein Tag 23. SeelenTag

Welche Häppchen schmecken dir, passen zu dir?
Welche Häppchen fehlen noch?

SeelenTag 24 –
Ein Weg ohne Abhängigkeiten

Ich mag keine Abhängigkeiten bzw. ich mag es nicht so sehr, wenn ich nicht wirklich weiß, was mit mir gemacht wird. Wenn quasi nur an mir gearbeitet wird.

Klar, es gibt Momente, da ist das echt praktisch, diese Momente hatte ich auch schon, doch dann dachte ich mir oft – okay, aber was mache ich, wenn ich ein ähnliches Problem wieder habe. Wie kann ich mir auch selbst „helfen". Daher bin ich einmal mehr froh, dass ich meinen Weg weitergegangen bin und diese Form der Seelenverbindung gefunden habe, denn hier gibt es nur ganz wenig bis keine Abhängigkeiten.

Wann immer ich heute eine Herausforderung habe, darf ich diese erkennen, darf mir diese ansehen und wenn ich damit fertig bin, dann bitte ich meine Seele um Rat und um Heilung. Sie zeigt mir dann, was zu tun ist. Sie zeigt mir den Weg oder regelt es einfach von selbst im Hintergrund. Probiere es aus, es ist wirklich sehr angenehm und sehr einfach.

Dein 24. SeelenTag

Wo begegnen dir noch Abhängigkeiten?

SeelenTag 25 –
Jeder Seelenweg ist einzigartig

Was zu erwarten war, denn so einzigartig wie du bist, so einzigartig ist auch deine Seele und der Weg, den ihr gemeinsam geht. Das ist zugleich der Zauber in unserem Leben, niemanden gibt es doppelt, jeder hat seine ureigene Aufgabe, seinen Plan, seinen Weg, seine Art und Weise. Zudem gleicht keine Seelenverbindung einer anderen. Alle Menschen, die ich dabei begleiten durfte, sich mit ihrer Seelenfrequenz zu verbinden, gingen einen eigenen Weg. Es fühlte sich immer anders an, es kamen immer andere Bilder und immer andere Beschreibungen. So gesehen gibt es x Milliarden Möglichkeiten, wie es sich anfühlt, sich mit seiner Seelenfrequenz zu verbinden. Ich persönlich finde das wunderbar, denn wir neigen ja oft dazu, uns zu vergleichen und hier ist das völlig überflüssig, denn dein Weg zu deiner Frequenz ist einzigartig, so einzigartig wie du bist.

Dein 25. SeelenTag

Je mehr Menschen sich mit ihrer Seele verbinden, desto ...

Vervollständige den Satz. Du hast nun schon vieles erlebt, gefühlt und deine Frequenz zeigt sich in dir. Daher, was glaubst du, würde sich ändern?

SeelenTag 26 –
Jeder für den Nächsten

Nicht einer für alle, sondern jeder für den Nächsten

Ein Himmel der Liebe darf uns daran erinnern, worum es in unserem Leben geht.
Während ich hier sitze und dir schreibe, merke ich, wie ruhig und wie sehr ich bei mir angekommen bin. Läuft daher schon alles rund in meinem Leben? Nein, noch nicht.
Doch von Tag zu Tag beobachte ich, wie ich immer mehr ich werde und einfach nur noch bin und wie all die Unruhe, Hektik und das Chaos um mich herum mich immer weniger und weniger berühren.
Bin ich daher in einer hohen Energie? Ich bin in meiner Energie und die ist gerade sehr ruhig und sanft, denn das bin ich. Wenn ich die Augen schließe und die Verbindung zu meiner Seelenfrequenz und allem was ist fühle, dann ist alles unendlich.
Liebe
Vertrauen
Hingabe
Alles ist unendlich. Ich bin unendlich.
Du bist ebenso unendlich.
Du und deine Seele, ihr könnt ebenso wie ich in eurer ganz eigenen Energie sein. In dem Sein, dass nur du allein ausfüllen und ins Licht bringen kannst.

Dein 26. SeelenTag

Was fühlst du?
Frag dich das immer und immer wieder.
Was fühlst du?
Wie fühlt sich deine Verbundenheit heute an?

SeelenTag 27 –
Neue Dimension

Bestimmt ist es dir schon aufgefallen, wir betreten hier ein neues Land bzw. wir gehen immer tiefer in dieses Land hinein. Neue Ebenen zeigen sich, neue Dimensionen kommen hinzu. Alles wird immer feiner, tiefer und reiner. Eine neue Ebene, eine neue Dimension zu betreten, heißt auch, seine Situationen völlig anders zu betrachten und immer mehr zu fühlen. Dabei können wir nicht genug fühlen, nicht genug sein, nicht genug tief in uns eintauchen. Es gibt kein Ende, keinen Boden, der uns stoppt, der uns begrenzt. Es geht einfach immer und immer tiefer in unser SEIN hinein.

Dein 27. SeelenTag

Was hat sich verändert?
Was ist neu dazugekommen?

SeelenTag 28 – Frieden

Wir wollen Frieden auf Erden! Dieses zentrale Thema beginnt jedoch bei dir, bei deinem Frieden in und mit dir. Für mich versteckt sich der Frieden hinter jedem Detail, an jeder Ecke können wir ihm begegnen oder auch nicht. Wir können friedliche Absichten haben oder auch nicht. Wir können gedachte friedliche Absichten haben, doch verkünden durch unser Sein keinen Frieden. Und es gibt Momente, da verbreiten wir mehr Frieden, als wir denken. Alles ist, alles sind wir, alles bin ich, alles bist du.

Dein 28. SeelenTag

Wo kannst du noch mehr Frieden säen?

SeelenTag 29 –
Lottogewinn

Meine Tochter sagte mir vor ein paar Tagen: „Mama, ich habe geträumt, du gewinnst im Lotto."
Natürlich wollte ich gleich los und Lotto spielen gehen. Doch ich hielt inne. Ich schaute mein Leben an, fühlte meine Seele tief verbunden mit mir und ich wusste, ja, ich habe im Lotto gewonnen. Dieses Gefühl des „angekommen sein", diese Verbundenheit, diese Ruhe, dieses frei von allem, das ist ein Gewinn, ein Geschenk, welches unbeschreiblich groß ist. Und der Hauptgewinn ist, dass ich es mit anderen Menschen teilen darf.

Dein 29. SeelenTag

Wie schaut dein Lottogewinn aus?

SeelenTag 30 – Mein Verstand, mein bester Freund

Vor 29 Tagen ist ein Bild entstanden, mit einer Frau, in der sich ein Teil des Universums abbildet. Diese Frau ist für mich magisch, sie zog mich an und sie spricht zu mir. Ich bin ein Teil von ihr. Was diese Frau mit sich bringt, ist ihre Seele, ihre Seelenfrequenz, ihr vollkommenes Sein. Diese Frau begleitet mich nun jeden Tag und lässt mich eintauchen in eine andere Dimension.

Mich lässt diese Dimension nicht mehr los, sie ist in mir, mit mir, an meiner Seite. Vieles was mich davor begleitete – wie Ängste, Zweifel, Stress – ist dafür gegangen. Ein wunderbarer Tausch, ach was, das beste Tauschgeschäft ever. Denn wenn dein Leben einmal mit deiner Seele verbunden ist, dann willst du nicht mehr zurück. Dann gibt es ein Leben davor und ein Leben danach. Dann gibt es nur noch dich und dein Sein. Und das alles in 29 Tagen. Ich bin ganz offen – ich fühle es im Herzen, doch mein Verstand kommt da nicht immer mit. Doch das Schöne ist, er lebt jetzt Seite an Seite mit meiner Seele und wir gehen unseren Weg gemeinsam. Mein Verstand hat sich auf dieser Reise beruhigt, er ist zu einem guten Freund geworden, der mir ebenso zur Seite steht, aber eben nicht mehr wie früher im Weg steht. Dein Verstand kann das, er kann ebenso ruhig werden und seinen wahren Platz einnehmen. Dazu beobachte einfach, wie dein Verstand reagiert, was er macht und wie er sich verändert. Alles ist möglich.

Dein 30. SeelenTag

Welche Beziehung hegst du heute zu deinem Verstand?

_____

_____

_____

_____

_____

_____

_____

_____

_____

_____

SeelenTag 31 –
Hoch, höher, am höchsten

Ruhig, ruhiger, vollkommen leise.
Ich liebe das SEIN und mein Leben zusammen mit meiner Seele. Denn sie weiß alles und sie führt mich in die hohe Energie, wenn es so sein soll und genauso in die Ruhe und in die endlose Tiefe mitten in mein Herz, wenn es dran ist. Alles ist da und alles ist eins. Alles zeigt sich, im Leben, im Beruf, in der Partnerschaft. Harmonie trifft auf Feuer, Mitgefühl auf Abenteuerlust. Alles ist da, alles ist. Sonne, Mond und Sterne vereinen sich und begleiten einen. Was sich verändert? Alles, einfach alles. Die Wahrheit wird wahrer, die Blicke schärfer, die Gefühle lebendiger. Alte Muster haben keinen Bestand mehr, Neues breitet sich dagegen immer mehr aus ... Ich könnte ewig so weiterschreiben, doch es wird dies nie richtig in Worte fassen können. Daher dürfen wir es erleben. Du darfst es erleben, die Zeit dafür ist da, deine Seele ist da, unsere Seelen sind da und schauen auf uns. Sie wartet auf uns, damit sie mit uns, in uns wirken kann. Es gleicht keiner Mission, es gleicht eher unserem Lebensweg, der heute so kraftvoll ist, dass wir in die neue Dimension eintreten können. Das ist nicht nur für „Auserwählte", die Seelenverbindung kann jeder herstellen, der spürt, dass es nun so weit ist.

Dein 31. SeelenTag

Wohin geht es? Was ist jetzt in deinem Leben dran?

_____

_____

_____

_____

_____

_____

_____

_____

_____

_____

SeelenTag 32 –
Einfach innehalten und fühlen

Fühl mal, wie es dir geht.
Fühl mal, wie es der Natur mit uns geht.
Fühl mal, wie es den Tieren mit uns geht.
Fühl mal, wie es der Erde mit uns geht.
Fühl mal, ohne Punkt und Komma.

Und dann …

Ein neues Licht erfüllt die Welt. Es geht um den Zauber, der in dir steckt, die Magie, die aus dir heraus entstehen möchte und um ein freies und glückliches Leben.

Angekommen
im SEIN,
im sich wiederfinden,
im sich fühlen,
im sich selbst zu sehen,
im sich selbst zu erkennen.

Das ist eine so wertvolle Lebenserfahrung, die ich nicht mehr missen möchte. Es ist für mich ein Lebensmotto geworden. Einfach zu sein. Ich bin. Fertig. Punkt.

Dein 32. SeelenTag

Wie vollkommen ist dein Sein?

SeelenTag 33 –
Was ist das Geschenk?

Ja, und schon war ich ihm wieder verfallen. Nur diesen einen Gedanken wollte ich noch schnell denken. Obwohl ich fühlte, nein, denk ihn lieber nicht, er wird dich wieder stundenlang beschäftigen … zu spät. Oder doch nicht?! Durch eine sanfte Bewegung in meinem Herzen stieg ich mitten in meine ureigene Frequenz, in meine ureigene Energie, mitten in mein Sein hinein. Und da war es wieder, das Gefühl von Wärme, Frieden, Ruhe und Stille. Eine Ruhe, die immer größer zu werden schien. Eine Ruhe, die diesen Gedanken beruhigt, ihn heilt und ihm hilft, auch zur Ruhe zu kommen. Was für eine Magie mitten in meinen Zellen, mitten in mir. Mein eigener Körper kümmert sich um alles, was mich hier und dort noch bewegt, er heilt mich aus meiner Mitte heraus. Wie ein Zauber begleitet er mich nun, tagein, tagaus. Dieser Zauber ist da für mich, dieser Zauber bin ich und ich trage ihn in die Welt hinaus.

Dein 33. SeelenTag

Lass die Spiele beginnen! Zauber, Magie, Wunder?
Was erlebst du?

_____

_____

_____

_____

_____

_____

_____

_____

Wunderbar. Wir sind nun ganze 33 Tage zusammen durch
dein Leben und durch dein Sein gegangen. Als Abrundung
folgen noch ein paar weitere Geschichten und Erlebnis-
se, damit du immer tiefer in dieses neue Sein eintauchen
kannst.

Mach dich bereit für Wunder

Jeden Tag aufs Neue bekomme ich „Informationen", was ich tun darf, wohin ich gehen darf, welchem Bereich ich heute meine Aufmerksamkeit schenken darf.

Zwischendurch erreichen mich WhatsApp-Nachrichten voller Dankbarkeit, voller Verbundenheit und voller Schönheit. Und dann wird es noch stiller in mir, weil ich das Geschenk, welches ich in meinen Händen halte, noch tiefer in mir fühle.

Zwischendrin grinst mein Herz, es lacht und lacht und will gar nicht mehr aufhören zu lachen ... und das Universum lacht mit. Hier und dort lacht mich das Universum auch „an", wenn ich eine Frage doppelt stelle oder wenn ich die Antwort schon längst erhalten habe, ja, so ist mein Leben.

Es gibt viel zu sein

Es gibt viel zu sein und wenig zu tun. Es gibt einen Zustand, in dem alle Gefühle in dir vereint sind, nichts ist mehr getrennt. Alles ist, alles ist eins. Trauer lebt dann gleich neben der Freude und da alles ist, bist du frei, irgendetwas sein zu müssen. Z. B. überglücklich oder voll lustig bis total happy. Du bist es, es ist einfach alles in dir, ohne dass du etwas tust, um die Gefühle hervorzurufen. Es ist, es ist einfach, du bist.

Was möglich ist

Das Leben hat mir dieses Jahr gezeigt, was auf beiden Seiten möglich ist. Dabei habe ich mich am Ende dafür entschieden, mich der Vollkommenheit hinzugeben, denn ich wollte ankommen, endlich nach so vielen Jahren ankommen. Ich wollte wissen, wozu ich all die tausend Aktivitäten in den letzten 20 Jahren gemacht habe. Wieso ich die Füße nie stillhalten konnte, von einem Land ins nächste zog, ein Buch nach dem anderen veröffentlicht und eine Aktion nach der anderen begonnen und dann wieder abgebrochen habe. All das hat sich nun zusammengesetzt. Alles hat seinen Platz gefunden, genau den Platz, den ES immer haben wollte. Nur ich habe weggehört, habe nicht so sehr darauf geachtet, habe es missachtet, den Plan meiner Seele. Doch Ende gut, alles gut, wie wir so schön sagen. Genau jetzt am Ende des Jahres durfte ich ein weiteres Geschenk empfangen, welches ich so Anfang 2019 nie auch nur im Ansatz erahnt hätte. Meine Gefühle haben sich in mir vereint, sie sind in mir, ich bin eins mit ihnen geworden. Somit bin ich – ich bin nicht mehr das Gefühl wie Trauer oder Freude, ich bin einfach. Ich bin alles zusammen und alles zugleich.

Das ist einfach nur noch krass und ich glaube, verstehen kann man es kaum, nur fühlen und vor allem selbst erleben. Das Wort Seelenjahr rief mir meine Seele im Sommer dieses Jahres zu. Klar habe ich nicht verstanden, was das bedeuten soll. Da gerade gefühlt alles schieflief, hatte ich einfach beschlossen, ich bin in einem Seelenjahr, was auch immer das ist. Oh Mann, wir sind schon echt lustig unterwegs. Na gut, heute weiß ich, was damit gemeint ist und ich bin so froh, mich darauf eingelassen zu haben, denn keiner weiß, was in so einem Seelenjahr alles passiert, geschieht und möglich ist.

By the way, ja, alles ist möglich, doch darum geht es nicht. Es geht darum, dass du es möglich machst, was deine Seele dir mitgebracht hat für dein Leben, denn nur so wird dein Leben erfüllt. Daher der Satz, achte darauf, was deinem Herzen Freude bereitet. Wobei wir auch hier tiefer schauen dürfen, denn eine erkaufte Freude ist keine Seelenfreude.

Seelenkoffer

Wenn unsere Seele zur Erde reist, dann hat sie sehr wohl ihren Seelenkoffer mit dabei. In diesem Koffer sind unsere Fähigkeiten, unser Seelenplan, unsere Aufgaben und eben alles enthalten, was wir so brauchen. Nur damit das Leben viel spannender wird, geben wir unseren Koffer, vor unserer Geburt, beim universellen Zoll ab. Wir merken sehr bald, dass wir unseren Koffer nicht mehr haben und somit besorgen wir uns dann unseren besagten „Rucksack" und fangen an, ihn zu packen. Wir geben alles rein, was wir erlebt haben – Schönes und weniger Schönes. Bei manchen Menschen geht es sogar so weit, dass wir kaum mehr gehen können, so schwer ist dieser Rucksack geworden. Und dann, eines Tages, bekommen wir diese leise Vorahnung, dass da doch noch ein Koffer, unser Seelenkoffer existiert. Wir spüren, dass wir nicht vollkommen sind, dass wir immer nur umherirren, ohne wirklich bei uns angekommen zu sein. Wir fühlen, dass da noch Fähigkeiten sind, doch wir wissen nicht welche. Wir wissen nicht, was wir hier tun sollen und das Leben fühlt sich zäh und schwer an.

He, aber – so einfach – all das liegt in deinem Seelenkoffer. Wenn du dich mit deiner Seelenfrequenz verbindest, dann ist das so, als wenn du zum universellen Zoll gehst und deinen Seelenkoffer abholst. Mit ihm kannst du dann all dein Wesen entdecken, erfahren und vor allem leben.

P.S. und sehr spannend: Deine Seelenfrequenz kümmert sich auch liebevoll um deinen Rucksack, dein Bankkonto und noch einiges mehr. Denn so wird dein Herz frei von allen Erwartungen und du kannst dich auf den Weg machen, dein Leben vollkommen zu leben. Wir dürfen die Hand, die unsere alten Denkmuster festhält, öffnen, damit wir nicht mehr getrennt sind von dem, was unser Leben uns schenken will.

Welche Seele wohnt in dir?

Meine Seele fühlt sich rein, wahr, vollkommen, ruhig, sanft und sehr nach mir an. Ich bin sie und sie ist ich, wir sind nicht mehr getrennt voneinander und gehen gemeinsam jeden Schritt. Wir sehen die Welt gemeinsam, zusammen mit meinen Augen und meiner Seele. Meine Seele ist wie ein Filter, der mich umgibt, mich beschützt und zugleich angenehm wachsen lässt ... Tag für Tag.

Die 3 heiligen Könige

Heute bringe ich dir 3 Geschenke mit, wie einst die 3 heiligen Könige.

Das 1. Geschenk ist die Freiheit. Manche von euch können die Freiheit, dank des Feiertages, gleich noch mehr ausleben. Ist dem wirklich so? Oder beginnt die Freiheit nicht direkt in uns und zeigt sich nicht an jedem Tag aufs Neue, ob wir uns frei fühlen und frei leben? Wenn du an diesem Tag arbeiten bist (warst), dann kannst auch du dich frei fühlen. Du kannst in dir frei sein, auch wenn du noch in unserem westlichen System steckst. Auch wenn du noch in einer für dich zu kleinen Wohnung wohnst oder an einem Ort, der nicht unserer „Vorstellung" von Freiheit entspricht. Auch hier kannst du dich frei fühlen.
Auch wenn du das Gefühl hast, dein Bankkonto erlaubt dir keine Freiheiten und es erlaubt dir nicht, dass du dich frei fühlen kannst, so kannst du dennoch frei sein.
Ich möchte hiermit nicht sagen, dass wir uns irgendwas vorstellen sollen, dass wir so tun sollen, als ob, als wenn wir eine Person sind, die nicht mit unserem Wesen übereinstimmt.
Was ich sagen möchte, die Freiheit beginnt in dir. In jeder einzelnen Zelle deines Körpers, in jedem Gedanken und in jedem Gefühl, was in dir entsteht. Du bist die Freiheit, du kannst sie nicht erreichen wollen, denn wir können sie nur sein. Wir können eins sein mit ihr und dann sind wir frei. Dann rennen wir nicht mehr einem Phantom hinterher.

Das 2. Geschenk ist die Liebe, ganz besonders die Liebe in allem, was ist, in dem Detail, in jeder einzelnen Sekunde. Auch hier kannst du die Liebe nicht erreichen, du kannst sie nicht einfangen, aufsaugen oder verinnerlichen. Du kannst sie nur sein. Einfach nur SEIN.

Das 3. Geschenk, was ich dir mitbringe, das bist du selbst. Du bist dein größtes Geschenk. Und ich meine hier nicht das Übliche: Dass du ein göttliches Wesen bist, dass du so unendlich wertvoll bist oder alle weiteren Sätze, die dich in eine Bewertung eingliedern.
Was ich meine ist, dass du alles bist, was dich ausmacht und alles darin ist ein Geschenk. Egal welche Gedanken, welche Gefühle du heute noch hast, auch sie sind ein Geschenk. Denn ein Geschenk ist etwas, das wir überreicht bekommen und was wir so nutzen können, wie wir es wollen. Wir können unseren Seelenweg gehen oder nicht, wir können Dinge loslassen oder auch nicht, wir können uns bewusst (gewollt) verändern oder auch nicht. Das ändert nichts daran, dass du ein Geschenk bist.
Und natürlich musst du diese 3 Geschenke, die Freiheit, die Liebe und dich selbst, nicht annehmen, du kannst sie auch gleich weiterverschenken.

Ein höheres Bewusstsein erschafft Frieden

Wenn wir unser Bewusstsein erweitern, es ausdehnen und unsere eigene Wahrheit leben, erfolgt ganz automatisch eine innere Ruhe, Stille und eine Kraft, aus der heraus Frieden entsteht. Nur so können wir Frieden erreichen, jeder für sich und jeder auf dieser Welt. Dadurch, dass wir unser Bewusstsein erweitern, sind wir in der Lage, mehr wahrzunehmen, mehr Freude, Dankbarkeit und auch mehr Einfachheit zu leben. Das Wunderbare ist, sein Bewusstsein zu erweitern, ist so einfach, dass es fast schon lächerlich ist wie einfach.

Ich schließe meine Augen und spüre meine Seele, wie sie meinen ganzen Körper umgibt, so als befinde sich mein Körper eingehüllt in einer wunderbaren Seelenblase. Mitten in meiner Seelenblase sehe ich ein helles Licht, es ist kraftvoll und im Kern weiß und rein. Alles was mich bewegt, alles was ich tue, wird nun unterstützt durch dieses Licht, durch diese wunderbare Kraft, durch dieses wunderbare Sein.

Wir alle zusammen sind das beste Team der Welt

Hier geht es mir einmal mehr darum, nicht getrennt zu sein von den anderen. Indem wir uns alle sehen und uns zusammengehörig fühlen, sind wir das größte Team, das es gibt. Und es verbindet uns alle etwas sehr Wichtiges, denn wir sind alle Menschen.

Wir alle haben ein Herz, einen Verstand und Haut, die uns bedeckt. Zu denken, dass es kein „Zusammen" gibt oder dass es ohne dieses Zusammensein geht, ist eine Einstellung, die uns nicht gerecht wird.

Wir wollen alle das Gleiche!?

Wenn ich mich so umsehe und zuhöre, dann stelle ich fest, wir wollen (fast) alle das Gleiche. Wir wollen glücklich sein, wir wollen finanziell frei sein, wir wollen einen passenden Partner, wir wollen gesund sein, uns wohl in unserer Haut fühlen, wir wollen reisen und wir wollen etwas tun, was uns erfüllt.
Auf der Suche nach dem Weg, wie wir all dies erreichen können, begeben wir uns oft auf die Suche im Außen.
Wir lesen Bücher, wir befragen Menschen, wir schauen Videos an oder wir gehen vielleicht sogar zu Seminaren.
Doch ich sehe oft, dass viele am Ende immer noch suchen, dass sie nicht dort angekommen sind, wo sie eigentlich sein wollen.
Der Grund dafür ist, dass wir im Außen gesucht haben, anstatt nach innen zu gehen. Oder dass wir versucht haben, die Lösung mit dem Verstand allein zu finden.
Interessant dabei ist, einen Partner zu haben, erschafft noch keine glückliche Beziehung, viel Geld zu haben, macht nicht automatisch finanziell frei, auch eine Reise quer durch die Welt macht nicht glücklich, solange das Herz nicht mitreist. Für mich war und ist die komplette Anbindung an die Seele der Grundstein für alles, was man in seinem Leben erschaffen will. Angebunden an die Seele wirkt nichts mehr leer und die vielen Suchen enden. Man kommt an, man erinnert sich, wer man ist.

Ein Erinnerungsimpuls

Ich bin immer wieder begeistert und überrascht, was in nur zwei Jahren so alles geschehen kann. In welcher schnellen Geschwindigkeit wir uns verändern bzw. zu uns selbst finden können, sehr erstaunlich. Vielleicht hast du auch hier und dort gelesen, dass wir immer mehr dabei unterstützt, aber auch wirklich geschoben werden von vielen kosmischen Ereignissen. Ich verfolge diese Ereignisse nicht so intensiv, da ich alle Veränderungen meiner Seele überlassen habe. Sie bewegt und führt mich in die Richtung, in die ich gehen soll und doch überschneiden sich meine Gedanken/Erkenntnisse mit dem, was kosmisch passiert. Sehr spannend, wie ich finde und sehr vertrauenerweckend, denn mein Leben liegt in den Händen meiner Seele. Es geschieht, hier und jetzt. Es ist, ob wir wollen oder nicht. Es wird kommen, egal was andere sagen.

Freiheit
Freude
Gelassenheit
Leichtigkeit
Liebe
Vertrauen
Mut
Kraft
Leben
In dir, in mir, in uns allen.

Lausche deiner Stimme, wenn sie dich ruft, denn sie hat dir etwas zu sagen.

Berufung
Führung
Seelenweg
Mission
Vision
Alles was ist.
Alles was du bist.
Alles was in dir steckt.
Öffnung
Licht
Weite

Und wieder ein Tag, an dem du dich entscheiden kannst.

Fühlen
Sehen
Erkennen

heißt es nun für uns und geschehen lassen, was geschehen will.

So schön,
so tief,
so bewegend,
so wunderbar,
so rein,
schön, so viel SEIN.

Und mittendrin erwachen unsere Geschenke, die schon so lange gewartet haben. Wir werden getragen und begleitet von den kosmischen Gegebenheiten, aktuell besonders vom Mond, der uns ebenfalls an die Reinheit und die unendlichen Möglichkeiten erinnern will. Der Mond zeigt uns, wie kraftvoll alles sein kann, wie einflussreich, wie schön und anmutig, auch in der tiefsten Dunkelheit.

Sein

Ich bin

Ich bin Liebe
Ich bin Freiheit
Ich bin Frieden
Gelassenheit
Vertrauen
Mut
Kraft

Ich bin Schönheit
Leichtigkeit
Freude
Spaß
Energie

Ich bin dein

Ablenkung

Die Welt kennt 1001 Möglichkeit, dich von deinem Seelenplan abzulenken, nicht wahr? Bleib cool! Bleib auf deinem Weg, höre deiner inneren Stimme zu, bleib in der Verbindung zur Quelle, zu Gott oder wie du es nennen magst. Bleib verbunden mit deiner Seele und mit deiner Frequenz. Bleib in deiner Schwingung und dann wird dein Leben nach dir schwingen und dich mitnehmen auf deinen Seelenweg. Komm in dein SEIN und versuche nicht, etwas zu werden. Wenn du versuchst, etwas zu werden, z. B. leichter, glücklicher, besser, gesünder, erfolgreicher etc., dann lebst du getrennt von dir, du rennst dem „es zu werden" hinterher. Beginne es zu sein, beginne dein Herz und deine Seele zu fühlen und du wirst erstaunt sein, wie sehr du all das, was du werden möchtest, schon bist.

Jeder von uns trägt sein Päckchen

Egal, wen ich in meinem Leben getroffen habe, jeder Einzelne hatte immer auch sein Päckchen mit dabei. Manche konnten besser mit ihm umgehen, andere wiederum taten sich sehr schwer damit. Dabei war es egal, in welchem Bereich die Last am schwersten war, ob im Beruf, in der Liebe oder bei der Gesundheit. Sobald wir uns nicht überall wohlfühlen, so meine Erfahrungen, bleiben immer ein Nachgeschmack, ein „nicht glücklich sein" und ein „nicht erfüllt sein" übrig.

Doch es geht auch anders! Und du weißt es! Es gibt mittlerweile viele wunderbare Menschen, die dir helfen, die dich unterstützen können. Ja, genau, die gibt es. Nun heißt es, greif zu, nimm ihre Begleitung etc. an und erlöse dich, Schritt für Schritt, Tag für Tag von einem Päckchen.

Die heutige Zeit hat eine so große Lebensqualität zu bieten, so viel von allem, dass wir aufhören können, uns das Leben schwer zu machen. Wir dürfen wachsen, weil es Spaß macht, wir dürfen frei sein, weil es mega Freude bereitet und wir dürfen unser Seelenleben leben, weil es uns Erfüllung bringt.

Was ist eigentlich ein Seelenleben?

Ein Seelenleben ist ein Leben, in dem du mit deiner Seele komplett verbunden bist und aus deiner Seele heraus lebst. Du kennst deinen Seelenplan, deine Aufgabe hier auf Erden und somit auch deinen ganz besonderen Sinn, den dein Leben ergibt. Doch ein Seelenleben geht noch viel weiter, viel tiefer. Denn es heißt auch, in Harmonie mit sich zu leben, die tiefe Ruhe und Stille in sich entdeckt zu haben, Liebe zu empfangen und zu geben und es heißt, seine eigene Wahrheit zu kennen.

Im Seelenleben sind wir

Rein
Pur
Vollkommen
Angekommen
Weise
Verbunden

Die alten Muster, die alten Systeme, die alten Regeln gelten nicht mehr. Im Seelenleben bist du frei, aus der Tiefe deiner Seele heraus bist du frei.

Dramen
Gedankenkarussell
Ängste
Verzweiflung
Unsicherheiten
haben keine Macht mehr über dein Leben.

Du siehst, so ein Seelenleben hat es in sich. Und doch wäschst du weiter deine Wäsche, kochst und lebst einen Alltag, doch dieser sieht anders aus als das, was du kennst.

Botschaften

Von der Seele für die Seele
Ich habe ein paar Botschaften empfangen. Diese Botschaften passen zu einer Person und genauso können sie auch zu dir passen. Fühl dich in sie hinein und fühle, bei welcher Botschaft dein Herz aufgeht.
Nimm diese Botschaft immer wieder in deinen Alltag mit auf, lies sie dir durch und lass sie in deine Zellen hineinsinken. Natürlich kannst du zum einen die Botschaften umschreiben oder komplett deine eigene Botschaft empfangen. Dazu erlaube es dir einfach, nimm dir Zeit und lass es aus dir herausfließen. Da du mit deiner Frequenz verbunden bist, wird dir deine Frequenz auch die richtigen oder die passenden Worte zukommen lassen. Hab Vertrauen und viel Freude dabei.

1. Botschaft
Sehr Großes liegt vor dir. Etwas, woran du sehr viel wachsen wirst. Alles fügt sich. Alles schließt sich. Alles ist vollkommen, wird vollkommen. Du schließt den Kreis und verbindest jenes, was verbunden gehört.

2. Botschaft
Ich lasse los. Ich bin losgelöst von allem. Ich bin frei und lerne zu fliegen. Aus der Tiefe meiner Seele heraus begleite ich die Menschen und bin für sie da. Ich bin die Tiefe, der Grund, der Boden. Den Kopf lasse ich los und heile aus der Tiefe meiner Seele heraus.

3. Botschaft

Du bist so unendlich schön.
Du bist so unendlich weiblich.
Du darfst all das zeigen.
Du darfst all das leben.
Du darfst alles sein, was du bist.
Erlaube es dir, erlaube es dir.

4. Botschaft

Alles ist am richtigen Platz.
Alles ist gut, so wie es ist.
Ich bin gut, so wie ich bin.
Ich bin richtig, so wie ich bin.
Ich erlaube mir, mein Wesen zu zeigen.
Ich erlaube mir zu sein.
Ich genieße mit Freude mein Leben.

5. Botschaft

Rise like a star.
Like you are.
Erhebe dich und gehe deinen Weg.
Er wird dir geebnet.
Es ist an der Zeit. Jetzt.

6. Botschaft

Ein Zauber liegt in der Luft.
Wunder sind möglich.
Sobald ich mich voll und ganz hingebe.
Ich lasse es fließen und wachse.
Ich entfalte mich, breite meine Flügel aus und
zeige mich in meiner vollen Größe.

7. Botschaft

Verstecke deine Energie nicht.
Verstecke dein wunderbares Wesen nicht.
Lebe deine Kraft.
Lebe deine Größe.
Lebe deine Fähigkeiten.
Wir brauchen dich.

8. Botschaft

Ich bin die Freude, das Leben, das Lachen und der Spaß.
Ich bin leicht, gesellig und gleite durch mein Leben.
Den Menschen bringe ich das, was sie verloren haben
auf ihrem Weg.

9. Botschaft

Ich bin die Sanftmut, die Liebe und die Geduld.
Ich spende Hoffnung, wo es keine Hoffnung mehr zu
geben scheint. Ich bringe Licht in die dunkelsten Ecken
und erhelle so die Herzen.

10. Botschaft

Leidenschaft, Feuer und Flammen sind dein Lebenselixier. Die volle Power der Frau will gelebt und gezeigt werden. Ich bin der Spiegel für alles Leblose. Ich bin die Kraft, ich bin die Power. Ich bin ich in meiner vollen Größe.

Ende gut, alles gut.

Wir sind am Ende dieser Reise angekommen. Es war mir ein großes Vergnügen, dass ich dich bis hierher begleiten durfte. Lass mich gerne wissen, wie sich dein Leben mit deiner Frequenz verändert hat. Wenn du möchtest, trage dieses Geschenk auch weiter in die Welt. Einfach indem du anderen Menschen direkt davon berichtest oder indem du ihnen von mir erzählst. So oder so freue ich mich, wenn sich Tag für Tag immer mehr Menschen mit ihrer Frequenz verbinden, denn so kommen wir alle einen großen Schritt weiter.

Über die Autorin

2015 trat ich meine Reise als Autorin an. Eine Reise und oft auch ein Abenteuer, bei dem ich nicht im Geringsten ahnte, wohin es mich führen wird.

Erst entstand ein Buch. Ganz naiv und einfach so habe ich es veröffentlicht. Dann folgte ein zweites und jetzt sind es über dreizehn Bücher, die ich herausgegeben habe. Und es werden noch mehrere Bücher kommen, denn das Schreiben lässt mich nicht los.

Ich träume davon, dass ich schreiben soll. Eine unsichtbare Hand schiebt mich immer dann nach vorn, wenn ich mal wieder eine Weile nicht geschrieben habe. Diese Hand ermahnt mich sanft, diesen Weg immer weiterzugehen, egal wohin er führen mag.

Daher, wir wissen nie, was das Leben mit uns vorhat, doch wenn wir uns darauf einlassen, dürfen wir oft Spannendes erleben.

Dank meiner Bücher kann ich dich heute auf vielen Ebenen inspirieren, ich kann meine Gedanken mit dir teilen und sie zugleich in die Welt tragen. So kann ich das leben, was mein Herz sich wünscht.

Heute begleiten mich die verschiedensten Menschen auf meinem Weg und du bist jetzt einer davon. Denn durch die Zeilen in meinen Büchern sind wir verbunden. Die Worte sprechen zu dir, so als wenn ich sie dir direkt erzählt hätte.

Egal wo ich lebe und noch leben werde, das Schreiben wird etwas sein, was ich überallhin mitnehme. Es wird mich wohl bis ans Ende meiner Tage begleiten. Und das ist gut so, denn so inspiriere ich Menschen nicht nur zum Lesen, nein, viele Menschen habe ich auch dazu inspirieren können, ihr eigenes Buch zu schreiben. Du musst wissen, sein eigenes Buch zu schreiben, das ist ein ganz besonderer Prozess und zugleich eine sehr schöne Erfahrung.

Daher, wir wissen nie, was das Leben noch alles mit uns vorhat!

For a better life
Bettina Gronow

Buchempfehlungen

Bettina Gronow

AN 365 TAGEN

Dein Tagesbegleiter
in deutsch.

Greife nach den Sternen
am Himmel anstatt nach
den Steinen am Boden.

Bettina Gronow

365 TAGE LEBENSENERGIE

Dein Tagesbegleiter
in 4 Sprachen.

Greife nach den Sternen
am Himmel anstatt nach
den Steinen am Boden.

Bettina Gronow

FrauenLichtBLick

Ein Buch mit vielen
Lichtblicken direkt aus
dem Leben.

Vielseitig,
abwechslungsreich,
schnörkellos.

Bettina Gronow

16 Plus
Deine Heldenreise

Herzlich willkommen.
Dein Leben wartet
auf dich.

Deine Heldenreise
beginnt jetzt.

Bettina Gronow

Wörter der Seele

Finde deinen Glauben in dir

101 Gedichte vereint
mit 101 Gebeten.

Dieses Buch vereint
Gedichte und Gebete,
welche uns nachdenklich,
fröhlich und zugleich
hoffnungsvoll stimmen.

Bettina Gronow

Zitate der Seele

Deine tägliche Dosis

Dieses Buch jeden Tag
ein Zitat für dich bereit,
welches deine Seele
berührt, sie wachküsst,
öffnet und weitet.

Bettina Gronow

Leih mir deine Augen, ich leih dir mein Herz

Von einer Essstörung zu einem genialen Leben!

Von A bis Z bietet dir dieses Buch neue Lösungsansätze für ein entspanntes Essverhalten.

Bettina Gronow

Nimm ab, weil du weißt, wie es geht!

Das Abnehmbuch ohne Regeln und Verbote.

Dieses Buch bringt dich bis an dein Ziel.